Inhalt

Internationale Bilanzierung von Leasingverhältnissen - Neuregelungen in Arbeit

Kernthesen

Beitrag

Fallbeispiele

Weiterführende Literatur

Impressum

Internationale Bilanzierung von Leasingverhältnissen - Neuregelungen in Arbeit

A.Kaindl

Kernthesen

- Der geltende internationale Bilanzierungsstandard für Leasingverträge weist erhebliche Schwächen auf.
- Im Juli 2006 starteten IASB und FASB ein Projekt mit dem Ziel der Schaffung neuer Bilanzierungsregeln für das Leasing.
- Derzeit werden von den Standardsettern unterschiedlichen Ansatz- und

Bewertungsverfahren und die bilanzielle Behandlung von Kündigungs- und Verlängerungsoptionen diskutiert.

Beitrag

Mit großer Wahrscheinlichkeit wird die künftige Bilanzierung von Leasingverhältnissen deutlich komplexer werden als bisher.

Bilanzielle Unterschiede zwischen Leasing und Fremdfinanzierung

Der Hauptgrund, warum ein Unternehmen ein Investitionsobjekt mittels Leasing finanziert, anstatt mittels Fremdfinanzierung, besteht in der unterschiedlichen bilanziellen Behandlung von Leasing und Fremdfinanzierung. Wird ein Investitionsobjekt über einen Kredit finanziert, muss die Investition in der Bilanz aktiviert und eine korrespondierende Schuld zur Zahlung des Kreditbetrages passiviert werden. Ganz anders sieht es bei der Finanzierung der Investition mittels Leasing aus. Bei entsprechender Gestaltung des Leasingvertrages muss der Leasingnehmer in seiner Bilanz keine Vermögenswerte oder Schulden ausweisen. Der Leasingvertrag wird bilanziell wie ein Mietvertrag behandelt, dies bedeutet, die Leasingraten sind wie Mietzahlungen in der Gewinn- und Verlustrechnung auszuweisen. Eine andere bilanzielle Behandlung des Leasingvertrags entspricht der eines Ratenkaufs, bei welchem der Leasingnehmer das Investitionsobjekt aktiviert und eine entsprechende Schuld passiviert. (1)

In den meisten Fällen strebt der Leasingnehmer eine mietvertragstypische und damit für ihn bilanzneutrale Behandlung des Leasingvertrags an. Diese Off-Balance-Sheet Finanzierung führt im Vergleich zum Kreditkauf zu einer Verkürzung der Bilanzsumme, und dies wiederum kann zu einer höheren Eigenkapitalquote und zur Verbesserung des Ratings führen. (1), (2)

Wird der Leasingnehmer durch die im Leasingvertrag auf ihn übertragenen Risiken in eine eigentümerähnliche Stellung versetzt, entspricht die bilanzneutrale Darstellung des Leasingvertrags beim Leasingnehmer nicht den tatsächlichen wirtschaftlichen Verhältnissen. (1)

Die geltenden IAS/IFRS-Bilanzierungsvorschriften für Leasingverträge ziehen daher eine Grenze, ab welcher der Leasingnehmer wie der Eigentümer des Leasingobjekts zu behandeln ist. (1)

Derzeit gültige internationale Bilanzierungsvorschriften für das Leasing

Die Leasingbilanzierung ist in IAS 17 geregelt. Gemäß IAS 17 wird das Leasingobjekt dem wirtschaftlichen Eigentümer im Rahmen eines Risiken-Chancen-Ansatzes zugerechnet. Der Leasinggeber ist der rechtliche Eigentümer des Leasinggegenstandes. Für bilanzielle Zwecke wird der Leasingnehmer jedoch dann als wirtschaftlicher Eigentümer angesehen, wenn diesem die wesentlichen mit dem Leasinggegenstand verbundenen Risiken und Chancen zufallen In diesem Fall wird der Vertrag als Finanzierungsleasing bezeichnet. Erfolgt keine Übertragung der wesentlichen mit dem Objekt verbundenen Risiken und Chancen auf den Leasingnehmer, dann liegt ein Operating-Leasing vor. Der IAS 17 gibt keine eindeutige Trennlinie vor, wann Finanzierungsleasing bzw. wann Operating-Leasing vorliegt. Daraus ergeben sich für die bilanzierenden Unternehmen Ermessensspielräume. (1), (3)

Leasingverträge, die als Finanzierungsleasing klassifiziert wurden, werden nach IAS 17 wie

Ratenkaufverträge bilanziert. Als Operating-Leasing klassifizierte Verträge werden als schwebende Geschäfte eingeordnet und damit nicht in der Bilanz ausgewiesen. (1)

In der Praxis eine große Rolle spielen so genannte Leasingobjektgesellschaften. Eine solche Zweckgesellschaft führt in der Regel Großinvestitionen durch und überlässt diese als Leasinggeber dem Unternehmen, in dessen Interesse die Investition erfolgte. Für Bilanzierungszwecke ist die Frage zu beantworten, ob ein Konzernverhältnis vorliegt und die Zweckgesellschaft in den Konzernabschluss mit einbezogen werden muss. Die IAS/IFRS stellen für die Frage der Konsolidierungspflicht in erster Linie auf die Mehrheit der Stimmrechte ab, aber auch auf weitere, speziell auf Zweckgesellschaften zugeschnittene Kriterien. Ein Unternehmen, zu dessen Gunsten die Zweckgesellschaft gegründet wurde und welches Transaktionen mit der Zweckgesellschaft durchführt, beherrscht wirtschaftlich betrachtet häufig die Zweckgesellschaft. Die für die Bilanzierungsentscheidung durchzuführende Abwägung von Chancen und Risiken, dürfte regelmäßig zum Einbeziehen der Leasingobjektgesellschaft in den Konzernabschluss des Unternehmens führen. (2)

Kritik an den derzeit gültigen internationalen Bilanzierungsvorschriften für das Leasing

Die internationalen Bilanzierungsvorschriften IAS/IFRS sind an den Informationsbedürfnissen der Investoren ausgerichtet. Das bedeutet, allererste Aufgabe des Jahresabschlusses ist es, Informationsbedürfnisse zu befriedigen. Für die Leasingbilanzierung heißt das, dass Nutzenpotenziale und Verpflichtungen aus Leasingverträgen in der Bilanz zwingend auszuweisen sind, wenn sie bilanzierungsfähige Vermögenswerte oder Schulden darstellen. (1)

Die geltenden IAS/IFRS-Regelungen zur Leasingbilanzierung werden häufig als unbefriedigend beurteilt. Diese Kritik richtet sich vornehmlich gegen die in den Rechnungslegungsvorschriften angewandten Kriterien für eine bilanzielle Einordnung des Leasingvertrags als Kauf- oder Mietvertrag. Hauptkritikpunkt dabei ist Möglichkeit einer bilanzneutralen Behandlung des Leasingvertrags, obwohl der Leasingnehmer wirtschaftlich einem Käufer, der den Anlagegegenstand konventionell fremdfinanziert, sehr ähnlich gestellt ist. (1)

Alternative Ansätze zur Darstellung von Leasingverträgen nach IAS/IFRS

Das Bilanzierungsmodell Right of use approach berücksichtigt, dass aus jedem Leasingvertrag sowohl beim Leasingnehmer als auch beim Leasinggeber bilanzierungsfähige Vermögenswerte entstehen. Das Nutzungsrecht des Leasingnehmers am Leasingobjekt erfüllt die Bilanzierungskriterien für immaterielle Vermögensgegenstände. Der Leasingnehmer ist zur Zahlung der Leasingraten verpflichtet, dies stellt eine finanzielle Verbindlichkeit dar. Der Anspruch des Leasinggebers auf Erhalt der Leasingraten ist eine Forderung. Als Gegenbuchung zur Forderung hat der Leasinggeber den Wert des Leasingobjekts um das auf den Leasingnehmer übertragene Nutzenpotenzial zu vermindern. Beim Leasinggeber verbleibt in der Bilanz ein Anspruch auf den Restwert des Leasingobjekts am Ende der Leasingdauer, der so genannte Restwertanspruch. Der Right of use approach folgt, anknüpfend an die von den Vertragsparteien kontrollierten Nutzenpotenziale, einem Komponentenansatz. (1), (3)

Nach diesem wird das Leasingobjekt in die Komponente Nutzungsrecht, die beim Leasingnehmer zu bilanzieren ist, und die Komponente Restwertanspruch, die beim Leasinggeber zu bilanzieren ist, zerlegt. Nach den geltenden Regelungen des IAS 17 wird das gesamte Leasingobjekt entweder dem Leasinggeber oder dem Leasingnehmer zugerechnet. (1)

Der Ausweis eines Nutzungsrechts beim Leasingnehmer aus jedem Leasingvertrag führt dazu, dass Leasing nicht mehr zu einem Off-Balance-Sheet-Effekt führen kann. Während der Leasingnehmer gegenwärtig bei einem Operating-Leasing keine Vermögenswerte und keine Schulden in seiner Bilanz ausweist, fordert der Nutzungsrechtansatz, dass der Leasingnehmer aus jedem Leasingverhältnis ein Nutzungsrecht und eine Verpflichtung zur Zahlung der Leasingraten bilanziert. Die Bewertung vom Nutzungsrecht als auch von der Verpflichtung erfolgt mit dem Barwert der zu zahlenden Leasingraten in der unkündbaren Grundmietzeit. (1)

Neben dem Right of use approach-Modell diskutierten die Standardsetter noch drei alternative Bewertungsverfahren: das Whole-asset-Modell, das Executory-contract-Modell und das gegenwärtig angewandte Modell. Der Grundgedanke des Whole-asset-Modell besteht darin, dass der Leasingnehmer während der Leasinglaufzeit den Leasinggegenstand beherrscht. Statt der Bilanzierung von Rechten und Pflichten ist der Leasinggegenstand als physischer Vermögenswert anzusetzen. Das Executory-contract-Modell sieht vor, Leasingverhältnisse entsprechend den heutigen Regelungen zum Operating-Leasing zu erfassen. (3)

Diskussionsbedarf besteht auch hinsichtlich der bilanziellen Behandlung von Kündigungsrechten und Verlängerungsoptionen. Von insgesamt vier diskutierten Ansätzen wird das IASB voraussichtlich zwei Ansätze weiter verfolgen. Ein möglicher Ansatz ist, dass der Leasingsnehmer das Nutzungsrecht für die Grundmietzeit sowie eine Verlängerungsoption erhält. Der zweite mögliche Ansatz sieht vor, dass der Leasingnehmer das Nutzungsrecht für die Gesamtnutzungsdauer sowie eine Kündigungsoption erhält. (3)

Fallbeispiele

Wird ein Leasingvertrag über ein Objekt, das zehn Jahre genutzt werden kann, für eine unkündbare

Grundmietzeit von fünf Jahren geschlossen, muss der Leasingnehmer ein Nutzungsrecht und eine Verbindlichkeit bilanzieren. Beides in Höhe des Barwerts der Leasingraten für fünf Jahre, dies dürfte ca. 50 Prozent der Anschaffungskosten des Leasingobjekts ausmachen. Der Leasinggeber weist korrespondierend dazu einen Restwertanspruch ebenfalls in Höhe von ca. 50 Prozent der Anschaffungskosten des Leasingobjekts aus. Der Restwertanspruch verkörpert den Anspruch des Leasinggebers auf Weiterverwertung des Objekts in den letzten fünf Jahren seiner Nutzungsdauer. Der Nutzungsrechtsansatz führt daher dazu, dass der Leasingnehmer geringere Vermögenswerte und Schulden bilanziert, als er es hätte tun müssen, wenn der Leasingvertrag nach dem geltenden IAS 17 als Finanzierungsleasing eingeordnet worden wäre. Im Vergleich zu der von Leasingnehmern regelmäßig vorgezogenen Klassifikation des Leasingvertrags als Operating-Leasing führt der Nutzungsrechtsansatz eindeutig zu einer Bilanzverlängerung. (1)

Weiterführende Literatur

(1) Leasingvertragsrechte bilanzierbar machen Interessengegensätze zwischen Praxis und Standardsettern - Gemeinsames Projekt von IASB und FASB - Erstes Diskussionspapier für 2009

angekündigt
aus Börsen-Zeitung, 01.04.2008, Nummer 62, Seite 19

(2) Schäfer, Helge, Bilanzierung des Leasings, Deutsche Normen nähern sich internationalen Regeln an, HANDELSBLATT online vom 16.04. 2008
aus Börsen-Zeitung, 01.04.2008, Nummer 62, Seite 19

(3) Ausgewählte Fragen der IFRS-Bilanzierung und des Enforcement Bericht über das IFRS-Forum zur IFRS-Rechnungslegung des Instituts für Unternehmensführung am 07.12.2007 an der Ruhr-Universität Bochum
aus Kapitalmarktorientierte Rechnungslegung, Heft 2 vom 5.2.2008, Seite 105 -

Impressum

Internationale Bilanzierung von Leasingverhältnissen - Neuregelungen in Arbeit

Bibliografische Information der deutschen Nationalbibliothek

Die Deutsche Nationalbibliothek verzeichnet diese Publikation in der deutschen Nationalbibliografie; detaillierte bibliografische Daten sind im Internet über http://dnb.d-nb.de abrufbar.

ISBN: 978-3-7379-1363-8

© 2015 GBI-Genios Deutsche Wirtschaftsdatenbank GmbH, Freischützstraße 96, 81927 München, www.genios.de

Alle Rechte vorbehalten. Dieses Werk ist einschließlich aller seiner Teile – z.B. Texte, Tabellen und Grafiken - urheberrechtlich geschützt. Jede Verwertung außerhalb der Grenzen des Urheberrechtsgesetzes bedarf der vorherigen Zustimmung des Verlags. Dies gilt insbesondere auch für auszugsweise Nachdrucke, fotomechanische

Vervielfältigungen (Fotokopie/Mikroskopie), Übersetzungen, Auswertungen durch Datenbanken oder ähnliche Einrichtungen und die Einspeicherung und Verarbeitung in elektronischen Systemen.